ミニベロ（折りたたみ小輪自転車）で楽しむ健康ライフ

井上 治

文芸社

目　次

前文.
ミニベロの良さと楽しみ方

自転車は200年の歴史があり、人力のみで肩幅ほどの道があればジョギング以上のスピードで走れる最も効率の良いモビリティ（移動手段）であり、さらなる走行性能や操縦性、安全・安定性に加えて軽量化や携行性が追求されている。

　タイヤの輪径は、スポーツ用のロードバイクからママチャリと呼ばれる多くの自転車は26~27インチ（直径66~68.5cm）であるが、20インチ以下の小輪の自転車を欧米ではミニベロ（mini velo）と呼び、折りたためるものをホールディングバイク（folding bike）と言うが、20インチはロードバイク仕様もあり、ここでは16インチ（直径40cm）あるいは14インチ（直径35cm）の小輪で、かつ折りたためる超軽量の携帯性に優れた自転車をミニベロと呼ぶ。

　自転車は、車道では追い越す車を気遣いしながら道端を走る弱者であるが、歩道ではチリリンと鳴らして歩行者の横を突っ走る無法者とも言われ、走行方法やマナーが問題となっている。昔は自転車用のヘルメットなどなかったが、安全性は元より風を通し、色とりどりのヘルメットを被った仲間同士のツーリングは、スピード感もあり楽しそうである。一方、自転車専用レーンの少ない日本では車との接触は命取りであり、歩道は狭く歩行者もいるので速くは走

れない。ミニベロは、スピードは出ないがコンパクトで、小回りが利き、直ぐ足を着いて止まれるので歩行者に威圧感がなく、ミニチャリの愛称で呼ばれることもある。またミニベロは、倒れても腰の位置が低く低速なので衝撃は少なく、道路脇を突っ走るロードバイクより安全かもしれない。

　折りたたんで専用の輪行バッグに入れるとバスや鉄道などに持ち込め、14インチでは列車の棚に置いたり、膝に抱えて車に乗ることもでき、飛行機では特殊荷物として大事に扱ってくれるなどサイクリングの適地まで簡単に移動できるメリットがある。またミニベロのパンクや不具合、あるいは天候や体調などでサイクリングを中断したい時でも折りたたんで路線バスやタクシーを待つこともできる。コンパクトに素早く畳むコツもありトランスフォーマー的な楽しさもある。

　運動不足で体力や気力が落ちがちな齢になると、若い頃やっていたスポーツをまた始めることは難しく、フィットネス・ジムに通ったり、大枚をはたいてテレビで宣伝しているようなところでシェイプアップしても長続きしないことがほとんどである。何かしなくてはとウオーキングやジョギングを始める人も同じ道をワクワクした気持ちで廻れない。一方、ミニベロは、必要な自転車の機能を備えており、ちょいと乗って走ればジョギング以上のスピードで

廻ってこれる。慣れれば少々の坂も漕いで上がることができ、ヘルメットを被って立ち漕ぎをすれば一人前のライダー（愛称はチャリダー）であり、楽しみながら体力が付き、腿が太くなって下腹部が引き締まってくるのが実感できる。

　先ずは多少のアップダウンがあり、安全と思われる公道や歩行者の迷惑にならないような歩道を探してサイクリングから始め、週末にはミニベロを折りたたんで自分の車や乗り物で郊外に足を伸ばしてみるのも良いだろう。急坂を押して上り、舗装された林道を風を切って下りる山スキーのような楽しみ方もある。鉄道や飛行機でサイクリングやヒルクライムのイベント（大会）や名所を巡り、ビデオにして知人や孫に自慢したいものである。

第1章.
脚腰の痛みにはミニベロがいい
あしこし

年齢と共に膝の軟骨が擦り減る変形性関節症、腰椎の神経が圧迫される坐骨神経痛や腰部脊柱管狭窄症など、膝痛や腰痛などに悩まされる人が多くなるが、「自転車を漕ぐ膝の動き」と「座って前屈する姿勢」は、膝や腰の負担を減らし、腿や体幹の筋肉を鍛えることにより膝や腰の痛みを緩和することからリハビリ（運動療法）に取り入れられている。

1．膝に優しいペダリング（自転車漕ぎ）

　階段を上るとき膝は屈がるので多く擦り減った関節面を避けて荷重され、膝を支える大腿四頭筋が収縮して支持性が増すので痛みを生じ難い。自転車は、サドルに座り膝を曲げて漕ぐシッティング（座り漕ぎ）であり、階段を上るときの膝と同様の動作である。筆者は膝関節の半月板を損傷し関節鏡による手術を受けたが、10年も経つと軟骨が擦り減り、人工関節の適応とされる4度の変形性関節症になった。山歩きを続けていたが、下る時は膝に痛みがありスティック（杖）で免荷していた。ミニベロで近所の坂を上り始めてから山歩きをしていた頃と比べ萎縮した大腿が太くなり、腹のだぶつきが取れ、体重も10kg減った。筆者の左膝関節のレ線像であるが、関節軟骨は正常の1/4まで磨り減り荷重面が硬化している。

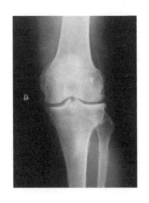

2. 腰に優しいシッティング（座位）と前屈姿勢

　腰部脊柱管狭窄症は、MRI（磁気共鳴映像法）で50歳以上の30％近くにみられ、その20％程度に症状が現れるとされている。歩いたり、立っていたりすると下肢痛やしびれが出るが、座って休んだり、杖やスーパーのカートで腰を屈めて歩くと症状が出ないことから、腰を前屈位で固定するコルセット療法もある。筆者は坐骨神経痛の持病があり、臀部から腿に痛みと電気が走ることもあるが、ミニベロに乗って漕ぎ出すと不思議に痛みが無くなる。筆者のレ線像では椎間板（椎骨間の軟骨）がすり減り、椎間孔や脊柱管が狭くなっている。ちなみに

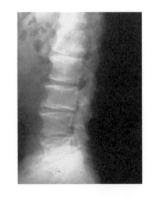

若い人の腰椎椎間板ヘルニアは、腰を前に屈めるとズキッと来ることが多く、前傾姿勢で自転車が漕げなくなることもあるが、筆者も汎用しているブロック注射（仙骨裂孔硬膜外注射）で多くは軽快する。エルゴサイクル（エルゴメーター）は固定された自転車で心拍数などをモニターしながらペダリング（足漕ぎ）の負荷を加減できる医療機器でもあるが、前屈位で腰に負担をかけず腿や体幹を鍛えられ、リハビリにも使われている（第10章4を参照）。

3. 人工関節後のリハビリにもなる

　膝や股関節の人工関節置換術は、痛みや跛行を解消できるが、日常生活以上の活動は制限され、ジョギングやテニスなど関節に負荷や衝撃がかかる運動は禁止されている。通常、人工関節の手術は活動性が少なくなった60歳以上に行われ、生涯、問題なく過ごせるとされているが、若い人のような生活をしていると人工関節が摩耗し、支える骨にも緩みが生じて再手術が必要となる。エルゴサイクル（前述）は、関節に及ぼす負荷が少なく、骨格筋や心肺機能のトレーニングになるが、座ってペダルを漕ぐには膝が90度以上屈曲できる必要がある。近年、人工関節の可動域は大きくなっているが、サドルを上げ、クランク（ペダルと車軸までの長さ）を短くすれば膝の屈曲は少なくて済

むが、エルゴサイクル（後述）で試してみる。レ線像は左膝と右股関節が人工関節で置換されている。

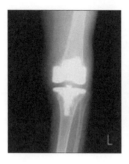

４．爽快なアウトドア・スポーツとしてお勧め

いつまでも体力や気力など若いままだと良いが、無理なくできるスポーツを選ぶ必要がある。体育館などのインドア・スポーツは天候にかかわらず仲間と汗を流せるが、夏場など換気が悪く蒸し暑く、中高年にとって熱中症が大敵となる。アウトドア・スポーツは天候さえ良ければ爽快なレクリエーションにもなり、とくに自転車は炎天下を避けてペダルを踏めば爽やかな風が汗を振り払ってくれる。自転車は、日常使うママチャリから競技用のロードバイクまでであり、山道や雪道まで走るマウンテン・バイクもあるが、ミニベロは通勤通学や買い物はもとより平地を走るサイクリングから坂を上るヒルクライム（登坂）まででき、また旅行や観光を兼ねて携行できる多用途なメリットがある。

ヒルクライムで足腰や心肺機能を鍛えることもできるが、坂を上る体力がなくても田園や水辺をサイクリングすることでハイな気力を養える。ミニベロは、購入と維持にそれなりに経費がかかるが、日常レベルで乗ることができ、バスやタクシー代わりになり、家やオフィスの片隅に置ける。またミニベロは、小輪でスピードが出ないため歩行者とも共存でき、坂道を上がるには山歩き程度の体力はいるが特別な技術は不要である。一方、スピードの出るロードバイクは、体力や脚力に加えて俊敏なハンドル捌きを要し、車が追い越していく車道を走るなど若さが無くてはできない。山歩きはそれなりの体力や経験、計画と装備が必要であり、高齢者の遭難が問題となっている。ミニベロは、交通事故は避けなければならないが、人様の迷惑になることは少ないだろう。冬のスキーや夏のマリンスポーツは季節感があり、素晴らしいアウトドア・スポーツであるが日常や四季を通じてできず、時間や経済的に恵まれた人達のスポーツである。ウオーキングやジョギングでは物足りない、山には中々行けない、と思う人にミニベロがお勧めである。

第2章.
バイク（自転車）の歴史とメカニズム

1．ジャイロ効果と安定性

　　　　前後2輪の自転車（以下、2輪車）が倒れずに進むのは、車輪が回転するとその位置を保とうとするジャイロ効果であり、打ち上げられたロケットが真っ直ぐ昇って行くのもこの原理である。サーカスではタイヤを外したホイールで綱渡りができる位にバランスがとれる。2輪車は肩幅ほどの道幅があれば走れるが、4輪車は横幅以上の道が必要であり左右の傾きや段差で倒れることもある。写真のセグウェイと言う立ち乗りする左右2輪の電動車があったが、倒れ易いので製造中止になった。2輪車は競輪場のような30度からの傾斜でもスピードを上げれば倒れることなく走れ、車輪径が大きいと前後の段差にも強く、マウンテンバイクやモトクロスなど悪路に使われるのは2輪車である。

2．チェーンによる一方向駆動

　初期の自転車は幼児が乗る3輪車のように前輪のペダルを漕ぎ、スピードを上げるため車輪が巨大化し、図のように重心が高くなった。自転車の原型は、前輪

と後輪を同じ大きさにして車輪のフレーム（車軸をフォーク状に挟む支柱）をシャフト（前後の支柱）で連結し、サドルを中央に置いて重心を安定させ、前輪のフレームにハンドルとブレーキを付け、ペダル（踏板）でクランク（駆動軸）を回転させ、チェーン（鎖）で動力を後輪に伝えるものである（写真）。

　2輪車は後ろ向きに走る必要がないことから1900年頃、ワンウェイクラッチ（One-way clutch）と言う一方向駆動システムが開発された。ペダルを漕ぐと後輪は前進方向にだけ回り、惰性で前進させたり、下り坂などペダルを漕がなくてもチェーンが空回りし、無駄に漕ぐ必要がない。ヘリコプターのエンジンが停止してもプロペラが惰性で回転して着陸できるのも同じ仕組みである。

3. タイヤの軽量化とスポーク
　古代の四輪車は木の車輪に摩耗を減らすため鉄板が貼られたが乗り心地は最悪だっただろう。現代の自動車は、鋼鉄のバネ（サスペンション）が車体と車軸の間にあり、

チューブのゴムタイヤを空気で加圧し、衝撃を緩和している。自転車はスポークと言う複数の鋼線が車軸を対角線上に貫き、ホイール（車輪の金属枠）に引張力を掛けて固定することによりホイールの強度を増し、衝撃を吸収する

ためタイヤは細く軽くできる。さらにスポークは横風を逃がす大きなメリットがある（写真）。

4．ブレーキ（制動装置）

リム・ブレーキ：ホイールの内側をゴムのブロックで挟み込んでブレーキをかけるが、雨や泥で軋んだ音がしたり、ブレーキの効きが悪くなる。摩擦面積が少なく、ゴムの摩耗やワイヤーの緩みが生じ易く、ホイールも圧迫に耐える強度が要る。軽量で安価なのがメリットで多くの自転車に使われている。転倒などでホイールが歪むとブレーキでノッキングするようになりホイールを取り替えたことがある。ルノー社製のをシマノ（Shimano）製に変えるとブレーキの効きが良くノッキングも無くなった。

ディスク・ブレーキ：写真のように車軸内のディスク

（円盤）を両側から油圧装置で
締め付けることにより強力で滑
らかな制動効果が得られるが、
やや重く、高価である。下り坂
で制動し易く、急ブレーキが効

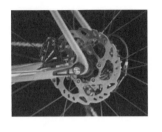

くことからマウンテンバイクで採用されたが、ロードバイ
クにも装着され、部品としてはやや重いがホイールが軽量
化されるので走り出しや登坂に有利とされている。

5．ディレーラー（変速機）

　ハンドルから伸びたワイヤーを締めたり、緩めたりする
ことで後輪の変速機（ディレイラー：鉄道用語で脱線機）
を動かして写真のスプロケット（鎖歯車）という歯数の
異なる歯車列に掛け替えるシステムであり、1940年頃に
開発された。シティバイク（ママ
チャリ）は、回転数を上げて漕い
でもスピードが出ないシングルギ
アが多いが、その分、緩い坂道な
ら漕いで上がれる。ロード・バイ
クは一回転漕ぐと、後輪がほぼ一
回転する軽いギアから、5~7回転
する重いギア（リアーギア）を装

備し、またペダルを漕ぐクランク軸に2枚の変速ギア（フロントギア）とリアーギアの7から11枚の組み合わせの変速ができ、急坂の上りから平地での高速走行までこなせる。ミニベロにも変速ギアが後輪にあり、重いギアではママチャリ並の速度を出せ、軽いギアにすると輪径が小さいので漕ぐ力が直ぐタイヤに伝わるためヒルクライム（登坂）し易いと言われている。16インチのミニベロ（ルノー社製など）は7段まで変速ができ、傾斜度や筋力、疲労度などに合わせられる。14インチのミニベロ（ルノー社製な

ど）は、チェーンが地面から近くなるので3段の変速となり、スピードと登坂が多少制限される（写真）。最近、シマノから14インチで7段変速のミニベロを出しているが詳細は不明である。

6．折り畳み機能と小型、軽量化

　乗り物に携帯するにはロードバイクでは前の車輪を工具で外し、大きな輪行袋に入れなければならず、組み立てや取り外しに慣れても30分はかかる。ミニベロは前後の車軸を繋ぐシャフトのロックを外すと折り畳めるようになっており、慣れれば何分もかからない（裏表紙）。12インチ

のミニベロも市販されているがシングルギアであり、路面
の段差が大きいと変速機が壊れるため後輪で変速できるの
は14インチが限界と考えられる。フレームとホイール（前
述）をカーボンファイバー（炭素繊維）にし、金属部品を
チタンにすると軽量化されるが高価となる。ミニベロの愛
好者が増えればロードバイクのように高価格であっても、
より軽量で高性能のミニベロのニーズが高まるかも知れな
い。

第3章.
バイク（自転車）の種類

1．バイクの種類

　シティ・バイクは「ママチャリ」とも呼ばれ、スティール（鉄）製なので重たいが廉価であり、多くはシングル・ギアであるが変速ギアが装備されているものもある。近年、電動アシスト機能が装備され、幼児を前と後ろに乗せて坂道でも走れるシティ・バイクも市販されているが自力走行ではないのでここでは言及しない。外付けの電動アシスト装置もあるが日本では道路交通法の問題もあり市販されていない。

　ロードバイクは、フレームをカーボンファイバーで軽量化するなど高価となり、タイヤは大輪で幅は狭く、スリップやパンクし易い。前傾姿勢を取るためのドロップハンドルはホーン（角）状となり携行にはかさばる。サドルは小さく、パッド付きのパンツを穿いても時々立ち漕ぎをしないと臀部が辛い。サドルに座って足が地に着かない高さで

漕ぐのがロードバイクであり、足の着地には車体を傾け、乗り易さや乗り心地より走行性能が優先されている（写真）。パートナーが初めてロードバイクに乗せられた時、足が着かないので転倒し自転車恐怖症になっていた。

　クロス・バイクは、シティ・バイク

では物足りないがロード・バイク並みの性能も欲しいライ
ダー（乗り手）向きに作られている。<u>マウンテン・バイク</u>
は舗装されていない山道などの悪路を走るマニア用に頑丈
に作られているが、軽量化され変速もできる。一方、<u>ミニ
ベロ</u>は、携帯性が優先され、小輪で車体も小さいため平地
での走行性能は劣るが、小輪なので直ぐ足が着き、漕ぐ力
がペダルから直ぐタイヤに伝わるためバランスを取り易く、
小回りが効き坂道も上り易い。

２．ミニベロの種類

車種	製造元	タイヤ	変速	重量	ステム素材	表示価格
ルノー（RENAULT）	仏	16インチ	7段	8.8kg	ステンレス	＊66,880
ダホン（DAHON）	米	16インチ	7段	11.6kg	ステンレス	72,270
サヴァーン（SAVANE）	中国	16インチ	9段	8.8kg	カーボン	78,503
マイパラス（MY PALLAS）	中国	16インチ	6段	13.5kg	スチール	＊13,868
シマノ（SHIMANO）	日本	16インチ	6段	11.5kg	アルミ	16,800
ロンドンタクシー（LondonTaxi）	英国	16インチ	7段	12.0kg	スチール	46,424
ルノー（RENAULT）	仏	14インチ	3段	7.3kg	軽量アルミ	＊52,631
ダホン（DAHON）	米	14インチ	3段	7.8kg	ステンレス	82,170
シマノ（SHIMANO）	日本	14インチ	7段	14.0kg	アルミ、鉄	39,800

＊アマゾン特価,2020年

　子や孫たちも乗るので16インチと14インチを揃えてい
るが、年齢や性別、体重を問わず誰でも簡単に乗れる。ス
ポーツをやっている小中学生なら中高年がハーハーして上

る坂でもシングルギアで一気に上ってしまう。ルノー社製はやや廉価で軽量であり、性能や耐久性もメーカー品なので遜色ないと思われる。ただ部品の調達に時間がかかり、孫が転倒して壊した前輪のホイールをサイクルショップ（自転車屋さん）から注文してもらったが6ヶ月かかった。ダホン社製（米国）は日本でも部品をかなり揃えているとのこと。シマノ（Shimano）は世界をリードしてきた部品メーカーであるがミニベロも作っている。近年は多社の参入があり、表の仕様や価格に変動があるが、シングル・ギアのミニベロは除外した。重量にはペダルの重さが含まれていない車種もある。

3．ルノー社製ミニベロ

ミニベロ	重さ	変速ギア	列車	バス・電車	平地走行	傾斜度	立ちこぎ
16インチ	9kg程度	7段	やや難	やや難	18km/hr	15%以上可	可
14インチ	8kg程度	3段	棚に置ける	膝に置ける	15km/hr	15%位まで	やや難

16インチは車体が14インチより一回り大きく、男性は16インチ、女性は14インチが乗り易いと思われるが、70kgオーバーの筆者でも14インチを十分乗りこなせる。変速ギアは、16インチは7段あるが、14インチでは車軸が

地面から近いため3段のみ取り付けられている。折りたた
むと16インチは14インチのように列車の棚に置けないた
め列車の出入り口付近に置くか、二人掛けなら座席の前に
置き、足をのせて座れる。16インチはバスやタクシーの
トランクに乗せられるが、14インチのようにバスの座席
で抱えて座れない（裏表紙の写真）。14インチではダンシ
ング（立ち漕ぎ）はやや不安定であるがシッティング（座
り漕ぎ）でも傾斜度15％位まで上れる。表は、ルノー社
製16インチと14インチの比較である。

第４章.
ミニベロの扱い方

ミニベロは、折りたたんで携行できるのが最大の利点であり、素早く組み立て、折りたたむコツと注意点を述べる。ルノー社製のミニベロに限った方法であるが、他社製にも共通する要領がある。

1．組み立てと折り畳（たた）み（ネット動画あり）

　組み立て：専用のキャリーバッグを開けて車体を取り出し、シャフト中央を開いてロックし、外れないように留め金（安全フック）をかけ、スタンドを立てる。ハンドル・シャフトを立てながらブレーキ・ワイヤーなどが伸び切らないようにシャフトを短くし、留め金をかける。サドルが付いたシャフトを差し込むが、サドルに座ったとき左右の靴先が地面に着く長さに印を入れておく。サドル・シャフトの留め金は強く締めないとライド中にサドルが下がってくる。ハンドルの高さはサドルより5cm程度低くすると多少、前傾姿勢になるが、長いライドでは同じ位の高さが楽である。車体やハンドルの留め金が走行中に外れると、もろに転倒して頸を傷めるかもしれない。

　折りたたみ：サドルが付いたシャフトを抜き、本体を折りたたんでから両車輪の間にサドルを差し込むとコンパクトになる。ハンドル軸を留め金を外して折り曲げて長くし、シャフト中央の留め金を外して車体を折りながら前後の車

輪の間にハンドルを入れる。左のペダルを前方水平位にしてハンドルをその下に収めるのがコツである。ペダルを折るとさらにコンパクトとなり、角で輪行袋を傷つけない（次の写真）。

２．トラベル（輪行）

　車両規則上、公共交通機関に乗車するには輪行バッグで車体を全て覆わなければならない。14、16インチ兼用のバッグがあり、畳むとハンドルに取り付けられ、前方のクッションになるものがある。ちなみにビデオカメラ（Go Pro）はハンドルに装着できる（写真）。輪行用の布袋は厚くても機械の角が当たると破けるので、穴が開いたらテーピング・テープなどを裏から貼って急場を凌ぐ。ペダルは突出し角もあるので「折り畳めるペダル」が良く、輪行袋に入れ、ペダルを折ると突起がなくなり抱えて楽に

車に乗れる（写真の矢印上：折られている、下：折られてない）。

ビンディング用のペダル（後述）は折り畳めないが、サイズは小さく角も丸いのでそのまま輪行できる。ペダルはレンチで外せるが装着する時は右は時計回り、左は反時計回りに締め、ペダルを漕いでも緩まないネジ山になっている。ペダルを外して輪行するのは重い工具も要り勧められない。

JRの無料手回り品：鉄道規定の第309条によると、3辺の最大の和が250cm、重量30kg以内であれば、無料で車内に2個まで持ち込むことができる。ただし長さ2mを超えたり、自転車のサドルであっても一部が露出している場合は車内に持ち込むことができない。

第5章.
役立つアイテム（小物類）

自転車は普段着でいつでもどこでも乗れるのが最大の利点であり、絶対に必要な装備や身に着けるものは無いが、ちょっとしたアイテムでも安心安全で格好良く、快適なライドができる。

1．身に着けるもの

　ヘルメットと帽子：令和5年4月から自転車もヘルメットを被らなければならない交通規則が施行され、罰則のない努力義務であるがヘルメットを被っていないと死亡率が3倍となり、保険でも不利になると言われている。ノーヘルだと転倒や接触で頭部を損傷する危険性があり、ヘルメットで衝撃が吸収されれば頸部などもある程度保護される。自転車のヘルメットは軽いが強化プラスチック製で風通しが良く空気抵抗を減らす。好みのデザインや色など沢山あり、やや値が張るがJCF（日本サイクリング協会）公認のヘルメット（写真のKabutoなど）がある。ヘルメットはかさ張り、被ってバスや電車に乗るのは抵抗があるが、折り畳めるヘルメットは強度が低く、登山用の折り畳めるヘルメットは強度もあるが風通しは悪い。ヘルメットのバンドは顎の下で指が一本入るくらいに固定する。寒くなると帽子が必要で、上からヘルメットを被るので薄手で頭部にフィットし、庇が短く視野の邪魔にならず、耳も覆える

専用のものが良い（写真）。

　サングラス：長時間のライドは曇っていても紫外線で眼の結膜が炎症を起こし、充血して痛みで流涙することもある。サングラスはUVカット付きでないと瞳孔が開いて紫外線で網膜を傷める。メガネなら調光レンズが便利であるが、写真のメガネに取り付けるクリップ固定式のレノマ（Renoma）は調光、偏光、UVカット付きである。紫外線が強いと調光レンズでは不十分で目が充血することがあり、目を大きくカバーできるクリップ固定式を掛けると良い。

グラブ（手袋）は、防寒のみならずグリップにクッションが入っているので長くハンドルを握っていると手が痺れる人には必需品である。寒くなければ指先は出ている（指切り）ものがスマホやサイコン（後述）が使い易い。転倒しても手はプロテクトされ、大会ではグラブとヘルメットの着用が義務付けられている。

　サイクリング・ウエア：短パンは寒くなければ膝に抵抗がなく、涼しくスポーティであるが剝き出しの下肢は転倒すると無防備である。タイツは膝関節を保護し肉離れを予防して足の疲労感も少ないと言われ、若い人で穿かれるようになったが、中高年には股引のようで小恥ずかしい。ミニベロでも転倒を考えると長ズボンは夏でも必要であるが、トレパンは足首が締まっているのでチェーンに絡まない。値は張るがゴルフ・パンツは裾がスリムでストレッチなので膝が楽に屈伸でき、夏物は薄く通気性がある。オイルで汚れるので濃い色が良く輪行（トラベル）に愛用している。ウインドブレーカーは夏でも必要で、高台や橋の上、下り坂で風当たりが強く、急な雨にも撥水性で首周りまでカバーできるものが良い。雨具は、防水性で通気性もあると謳ってる高価なモンベル製もあるが、山歩きの経験から完全防水ではなくバイクでは裾が絡まる。雨の中のサイクリングは路面が滑り易く視界も悪く、避けるべきであるが輪

行には雨合羽（ビニール製サイクリング専用ポンチョ）を持って行くべきで、裾がチェーンに絡まず防水性は十分である。インナーパンツはパット付きで直に穿き、陰部を保護してくれるが、男性の陰部には精索と呼ばれる精液を運ぶ管があり、サドルで擦れたり圧迫されたりすると炎症を起こし、管が狭くなると不妊になると言われている。サイクリング・ソックスは、通気性が良く、靴の中でズレたりせず、摩擦の多い箇所は強化されている。短ソックスは夏にビンディング・シューズ（後述）を履いているときに快適である。サイクリング・シューズは、底が硬く足底の力がペダルに伝わり易く、前足部の底がペダルを捉えるため凹凸面になっており、引き漕ぎ（後述）を助ける。サイクリング用サンダルもあり夏は快適で輪行に良いかも。靴をペダルに接続するビンディング・ペダル（後述）には専用シューズがあるが、履いて歩けるマウンテン・バイク用のものが輪行にも使える。

2．車体に付けるもの

　ミニベロのサドルは小さく硬いが、臀部を前後にずらせて漕いだり、立ち漕ぎや前傾姿勢などで臀部を浮かせることで痛みを緩和できる。痛みに耐えられない人はママチャリみたいにサドルを低くして乗るからでもある。ゼリー入

りの<u>サドル・クッション</u>があり
（写真）、空気で膨らます超軽量の
クッションもある。

　<u>サドル・バッグ</u>は、サドルの後
ろに取り付け、財布や鍵、スマホ
を入れ、ハンカチ、ティッシュ・
ペーパーも入れておく。ドリンク
は手が届くフレームに専用のホルダーを取り付けられるが
サドル・バッグに入れておけば休みながら飲める。また多
少の泥除けにもなり赤いテールランプ付きのものは車道や
暗い道を走るとき点滅するので安心である（写真）。大き
なサドルバッグもあるがミニベロと一緒に畳<small>たた</small>めない。輪行
にはモンベルなどの日帰り用リュックは胸と腰に補助ベル
トがあるので背中にフィットし、中に雨具や着替え、ハン
ドポンプやパンクのリペア用品（ミニベロ用チューブとパ
ンク修理剤など）など5kg程度なら走行に苦にならない。

　ハンドルに付ける<u>バックミラー</u>は危険な突起物として競
技会では禁止されているが、地元のサイクリング大会では
問題なかった。ハンドルグリップの右端<small>みぎはし</small>に取り付けるもの
は手元で見やすく、自在に動かせるので物に触れても安全
である。写真内の小さいバックミラー（直径5cm）は見
やすく愛用している。中央にゴープロ360度ビデオカメラ

（前述）、左にガーミン・サイコン（後述）が取り付けられている。

　暗くなってからの走行は車から見づらく極力避けた方が良いが、ヘッドライトはLEDで軽くて明るく長持ちするものが市販されている。テールライトは車道を走るときは必須である。輪行にはヘッドライトを持参すると宿泊でも使える。

第６章.
サイクリングのハイテク機器

1．計器と走行記録

速度計は、アナログ製品ではキャットアイ（Cateye）

など数千円からあり、タイヤの回転数と輪径から速度と走行距離が表示される。すなわち車軸のスポーク（鋼線）に取り付けた磁石が前輪フォークのセンサーを通過するごとにハンドル上のディスプレイ（表示器）が速度と走行距離をリアルタイム（即時）に表示する（写真）。14インチのタイヤは計測できない機種もあり、自転車店で取り付けてもらうと間違いがない。

傾斜度計は、水準器の気泡の位置で坂の傾斜（勾配）を測るもので、ヒルクライムでは100m走って10m上る傾斜度を10％と表し、定規の10度より少ない。ゼロ調整は水平な建物の傍で行い、走行中は気泡が揺れるので正確な傾斜度は停めて測定する。

サイクル・コンピュータ（サイコン）は、GPS（全地球測位システム）により速度と走行距離、傾斜度を表示するが電子処理に速度は数秒、傾斜度は10数秒かかる。ガーミン（Garmin）製はナビゲーション（道路案内）も備わり、ナビ画面には近辺の道路と目印、進行方向などが表示

され、画面はスマートフォン（スマホ）に比べ小さいがハンドル部分に固定すると日中でもくっきり見え、拡大や縮小も容易であり、フル充電でほぼ一日使える（写真）。走行した軌跡（ライド）が地形図に描かれ、距離と時間、獲得標高などが表示され、停止や休憩は含まれず、パソコンにも送信でき、ライド記録として残せる。走行距離はGPSで傾斜も平面として計測されるので車輪の回転数から計測する実走距離より多少短くなる。右の画像は筆者が近所でヒルクライムしたときの軌跡で、獲得標高104mを27分、平均8.8km/hrで上り下りしている。

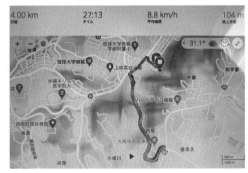

　スマホ（iPhoneなど）はハンドルに取り付けられ、道案内として使えるが、屋外では画面が暗くライド中の操作は危険である。ストラバ（STRAVA）のアプリを取り込むと、サドル・バッグに入れておいても走行した軌跡（ラ

イド）がガーミンと同様に地形図に描かれ、パソコンに送信してライド記録として残せる。走行距離はGPSで傾斜も平面として計測されるので車輪の回転数から計測する実走距離より多少短くなる（裏表紙、輪行記）。スマホはストラバが起動中も写真撮影や通話などのアプリも使える。

　ドライブ・レコーダー（ドラレコ）は交通事故や煽（あお）り運転の証拠としてオートバイでも装備されることがあるが、自転車ではサイクリングや競技会の記録としてコンパクトなビデオ撮影機器がある。ゴープロ（Go-Pro）は、アウトドア・スポーツをしながら撮れるハンディなカメラで、バイクのハンドルに取り付け、前後の魚眼レンズで360度撮れるものもある（トラベル）。長い自在棒を使ってドローンのように撮っているユーチューバーもいる。画面を編集し、モダンロック調のBGMを入れて自分の声でナレーションすると立派なユーチューバーである。やや古いモデル（Fusion）では前日に充電しても連続撮影は60分足らずで、数日でバッテリーがかなり減ってしまう（前述写真）。

２．心肺機能のモニタリング

　ガーミン製スマート・ウオッチを、同社のサイコンとペアリング（リンク）すると1分間の心拍数と呼吸数が速度や走行距離、傾斜度と共に表示される。ライドが終了する

とサイコンの記録を保存し、ガーミンのアプリをスマホ（iPhone）に取り込んでおくと走行距離、獲得標高が心拍数などと共に時系列に図表化され、走った軌跡がマップに記録される。パソコンに電送するとマップ上のドット（点）が速度に合わせて軌跡を辿ってくれる（サイコンの写真）。一連の操作は難しく、サイクルショップで購入すると店の人が設定してくれてアフターケアも安心である。ちなみに心拍数や血液酸素（動脈血酸素飽和度）は、手首の橈骨動脈の流れや血色素（ヘモグロビン）の色調から光学的に測定される。呼吸数も呼吸に伴う心拍数の変動から測定される。運動負荷は50代では分時心拍数が120までとされ、軽いジョギングや山歩き程度であるが、心疾患などの持病がある人は医師のアドバイスが必要となる。ライド毎に記録しておくと持久力や登坂能力、心肺機能の向上がビジュアルに分かる。ちなみに図は自宅からのヒルクライムの軌跡（前述）で、筆者が傾斜度10%の坂を時速6.4kmで上った時点の記録であるが、心拍数137回／分、呼吸数39回／分と読める。

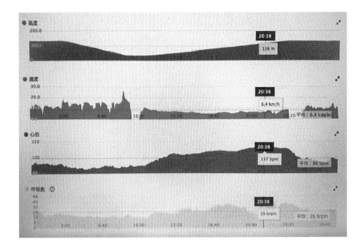

第7章.
修理とメンテナンス（整備）

１．サイクルショップ（自転車屋さん）と仲良くなろう

　<u>ネット通販</u>：様々な機種の自転車がインターネットなどで見られ、手に入れやすい価格や性能などで衝動的に購入することもあると思われるが、アフターケアはほぼゼロで、車体保証がなく、不具合や修理のために返送することも難しい。自転車と言っても複雑な機械であり、普通の人は自分だけでパンクの修理もできず、ブレーキや変速ギアの不具合も調整できないと安全・安心に乗れない。自転車を乗っていると分かるがマイナーなトラブルが多く、車体が軽く転倒するだけでも修理が必要となることがある。病気や怪我でも「かりつけのお医者さん」が居れば心強いように「行きつけのサイクルショップ」があれば安心してサイクリングを楽しめる。

２．ミニミニ体験談

　<u>タイヤ圧の調整</u>：タイヤチューブの空気注入部にはムシゴムと言うバルブ（弁）があり、入れた空気が抜けない構造になっている。英式と米式、仏式があり、英式はシティバイクなど一般的で普及している。フランスのルノー社はミニベロには英式バルブを採用している。自転車のポンプはこれらのバルブに合うように3種類のアタッチメントが付いているが、市販されているもので上手く空気を注入で

きないこともあり、サイクルショップで試してもらってから購入する方が無難である。携帯ポンプ（手動）は、ライド中の応急用のポンプであり、空気圧計付きのフロアポンプ（両足で押さえて両手で加圧）で調圧する。タイヤの適正空気圧は、細いタイヤ（ロードバイク）はやや高圧、太いタイヤ（シティバイクやマウンテンバイク）はやや低圧とされているが、適正圧を下回るとパンクしやすく、真っすぐ走りにくい。タイヤを指で押してパンパンな位が良いが、飛行機で輪行するときは機内の気圧が2割程度下がるのでタイヤ圧は少なめにしておく。自転車のゴム製のタイヤはオートバイに比べて薄く、劣化し易く耐用年数は3年と言われているが、大会や輪行の前などチューブだけでも取り替えるのが無難である。

　変速ギアの調整：通販で買ったばかりのミニベロで坂を上がる時、ギアを変速するとガリガリと音をたててチェーンが外れ、自分では調整できなかった。サイクルショップに持っていくとワイヤーを締めるだけで直してくれた。スタンドで立てていた車体が風で倒されたとき変速ギアを保護する金具が壊れてしまった。変速するだけでもチェーンが外れるようになり、診てもらうとギアが欠けており、ママチャリ用のギア・ボックス（3000円程度）に取り替えてくれた。ただ16インチのミニベロで平地で時速18km

まで走れたものが15kmになってしまい、専用のルノー製を注文した。

　パンクの修理：ネットで購入して直ぐの頃、空気を入れたはずの前輪がペッタンコになっているのでパンクと思い、サイクルショップに持って行くとチューブを水に浸けてくれたが穴はなく、ポンピング（空気注入）しても問題なく、タイヤの空気バルブの締めが緩かったのだろう。

　台風で自宅に閉じ込められ、時間つぶしにパンクの修理ができるようチューブを取り替える練習をした。パートナーと工具で車輪を四苦八苦して外そうとしたがホイール（車輪の金属枠）のブレーキブロックが邪魔になり一旦外してしまった。タイヤの空気を抜けば直ぐ外れたのにと後で分かった。後輪はギア・ボックスが付いているので外すのが難儀だった。チューブとタイヤをホイールに戻すのがまた大変であったが、サイクルショップでチューブのバルブを少しだけ出してタイヤを戻すコツを教えてくれた。

　タイヤが裂けるとタイヤの交換まで必要となるが、多くは釘やガラスなどの破片が刺さってパンクすることが多く、タイヤから破片を取り除き、チューブの穴が小さければ粘着性スライムのパンク防止剤を空気バルブから注入し修復することができる。前もってチューブに入れておくとバンクの防止効果があり、大会や輪行の前には入れてもらうと

安心である。ちなみにミニベロの英式バルブからは注入できたが、ロードバイク用の仏式バルブは口径が小さいため注入できない。飛行機での輪行はパンク防止剤に高圧ガスが入っていないので機内に持ち込めるが、予めチューブに注入しておくのが無難である。パンクの修理は素人には難しく、ミニベロ用のチューブを予備に持っていくと間違いがない。

　ブレーキの調整：ブレーキの効きが前輪、後輪共に悪くなり、締めネジでも効果がなかったが、伸びたワイヤーを切って縮めて調整してくれた。一年も乗るとリム・ブレーキのゴムがすり減り交換した。後輪のブレーキをかけるとノッキングのようにタイヤが軋んだが、スポークを均一に張り直してくれた。軋みが残ったがホイールが歪になっており、交換のため発注し、半年後に届き交換したが、ルノー社製ブレーキをシマノ社製に替えて、やっと満足できるブレーキになった。

第8章.
安全運転と危険の回避

1．交通マナーとルール

　道路交通法では自転車はオートバイと同様に左端を走らなければならないが歩道も条件付きで走ることができる。

　歩道は歩行者優先であり自転車が走れない歩道もある。「速度は時速10km以下で必要以上にベルを鳴らさない」ことが交通ルールとされている。車道の左端を走る場合、片側二車線でかつ二輪車帯があり、並列で走る車が少ない時間帯などが望ましい。サイクリング誌にはこのように車道の状況が書かれており、ルート（走行路）を選ぶことも必要である。後ろから自動車が追い越して行くので不慮の接触を避けるためバックミラーが必要であり（前述）、後ろを振り向くことも時に必要であるが直ぐに前を向いて走れる一瞬のみで、前方が不注意になってバランスを崩したり、小石などを踏んで転ぶこともある。歩行者は急に立ち止まったり方向を変えたり、子供が走り出したりし、動きを予測することは難しく、歩道では人を追い越せる幅があっても十分に減速するべきである。歩行者の10m位手前からベルを軽く1回鳴らし、ちょっと振り向いてくれれば会釈しながら、あるいは「済みません」などと言いながらゆっくり通り過ぎるのがマナー（礼儀）である。夢中になってるカップルやスマホに見入っている若い人が路を空けてくれなければ2回目を鳴らしてさらに横を接触しても

いい速度で通過している。ウォークマンで耳を塞いでいるジョッガーは速ければ追い越さない方が良い。

2．落車（転倒）

体験談が分かり易く、落車の防止に役立つかもしれない。
①雨が降った後、歩道に見るからに滑りやすい箇所があり、迂回しようとミニベロを側の草むらに乗り入れたとたん窪みに突っ込んだようで地面が空に変わり、自分がミニベロごと宙返りしていることに気付いた。次の瞬間に肩が着地しハンドルを握ったまま車体が横転していた。幸い頸など傷めなかったが、肩は体幹と強力な筋肉で支えられているので衝撃を吸収できる。腰からもろに着地すると股関節は骨盤に固定されているので衝撃を吸収できず、激痛が来る。落車するとき頸を少し前屈し（顎を引いて）、一方の肩から着地すると頸椎の伸展による脊髄損傷を免れる。両手はハンドルを握ったままにする方が手や腕が損傷され難いが、手が離れて後ろに引っ張られるとオートバイ事故のような腕神経叢の引き抜き損傷になる。ミニベロは車体が軽いので横倒しになってもオートバイのように下敷きになった下肢を傷めることはない。
②ビンディング（後述：スキーの金具のように靴をペダル

に固定する装置）でペダリングを始めた時、停まろうとして靴の固定が外れず失速して転倒してしまった。ペダルの位置がどこにあっても軽く外せるようにサイクルショップで調整してもらうと、不意の停車でも無意識に外れるようになった。パートナーはビンディングをいくら緩くしても外れ難いときがあり、靴底の金具の方向を少し変えてもらったところ安心して着けられるようになった。

③歩道に横から飛び出した自転車に驚いてブレーキをかけたところ前輪がロックし、車体がツンノメリになって転倒した。助け起こしてくれたがブレーキ・レバーが破損してしまった。

④小石や木の実をタイヤで踏むだけでハンドルを取られることもあるが、歩道でも縦に溝が入り、タイヤが嵌って転倒したことがある。とくに初めての道はスピードを落とし注意して走る。

⑤ハンドルが軸ごと抜けた！

14インチのハンドル部分は軸から抜いても折りたためる仕組みになっていたが、段差を越えようとハンドルを持ち上げたときにハンドルがスポッと抜け、抜けたハンドルを握ったまま横に転がってしまった。怪我もなかったが、サイクルショップで抜けないように金属のストッ

パーを付けてくれた。折りたたみ自転車で最も注意しな
ければならないことは、フレームの中央が走行中に折れ
曲がらないようにロックをすることであり、もろに転倒
すると首相候補にもなった大臣さんでも頸の骨を折るこ
ともある。

3．盗難の防止

駐輪していてそのまま乗って行かれるのが一番腹が立つ。
駐輪場や人目に付くところに盗難防止用ワイヤーで車体や
車輪が動かないよう固定し、2台で来ていれば互いに固定
する。大勢で駐めるバイクスタンドは安心ではあるが、ミ
ニベロは目立ち速く走れないので敬遠されるかも。ミニベ
ロと言えども高価な車種もあり用心すべきであり、サイク
ルショップで購入すると子供の自転車まで防犯登録させら
れ、通販だと持参しなければならないが、600円払うと登
録済みのステッカーを車体に貼ってくれ、盗難の抑止にも
なるだろう。駐車するときはサドルバックから財布やキー、
スマホなどを取り出して身につける。ガーミンなど高価な
サイコンも外してポケットに入れて置くのが無難である。

第 9 章.
ペダリング（自転車漕ぎ）の生体力学

1．4つの漕ぎ方

　サドルに座って、ただ漕いでいるのと漕ぎ方の力学を知って漕ぐのとは大きな違いがある。自転車は片方のペダルを漕ぐだけでも走るマシーン（機械）であり、人の多様な筋肉や運動機能に合わせて作られている訳ではない。人は二足で歩いたり走ったり、坂を上ったり下りたりするように進化してきた。人の歩行や走行に適した筋肉を効率良く使うペダリング（漕ぎ方）により、さらなる推進力や登坂力、持久力が得られる。漕ぎ方は専門家により色々言われているが、ここでは筆者が分かり易くネーミングし解説する。最も関与する筋肉と関節の作用を述べるが、その拮抗筋や体幹や上肢の筋肉も働いている。

　踏み漕ぎ：大腿四頭筋が膝関節を伸展し、大臀筋が股関節を伸展する。押し漕ぎとも言われるが、「手で押す、足で踏む」から「踏み漕ぎ」とした。

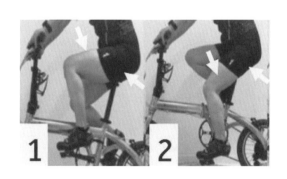

　初めて自転車に乗る人は足でペダルを踏んで漕ぐものと思っているが、これは大腿四頭筋と大臀筋（写真矢印）が収縮して膝関節と股関節を伸展する動作であり、ペダルが最高位（上死点）から最低位（下死点）までクランクを180度回転させる（写真：1から2へ）。大腿四頭筋と大臀筋は、階段や坂を上るときに体を持ち上げたり、ジャンプするときの強力な筋肉であるが平地では脚を前に振り出すだけであり、とくに大腿四頭筋は瞬発力があるが疲れやすい。

　引き漕ぎ：下腿三頭筋などが足関節を底屈し、ハムストリング＝大腿二頭筋などが膝関節を屈曲する。下死点に来たペダルを上死点に向かって90度位まで漕ぐ動作であるが、母趾の付け根をペダルに置き、足首を使ってペダルを後ろに押しやるように漕ぐと下腿三頭筋（下の矢印）が足関節を屈曲（底屈）し、膝を屈曲する大腿のハムストリング筋（上の矢印）と連動して漕ぐ力となる。これらの屈曲筋は筋量も多く疲れにくい（写真：1から2へ）。

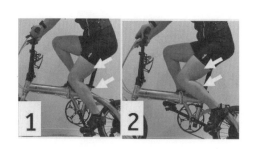

ビンディング（締め具）：スキー
のビンディングの様に、靴底がペ
ダルにカチッと固定され、足を捻
ると外れるビンディング・シュー
ズがあり、引き漕ぎがやり易くな
り、抜き漕ぎ（後述）はビンディ
ング無しでは行えない。ロードバ
イク用のシューズは底の金属部分

が床に直に当たるので履いて歩けないが、写真のマウンテ
ンバイク用のは履いて歩け、ペダルから外れ易くなってい
る。専用のシューズとペダルが要るがサイクルショップで
購入して調整してもらう。写真はパートナーのマウンテン
バイク用ビンディング・シューズ（足底と専用のペダル）
であるが小足なのでイタリア製を買わされてしまった。

抜き漕ぎ：腸腰筋が股関節を屈曲する。

上死点までの90
度は、「引き漕ぎ」
で足関節が底屈し、
背屈し始めるまで
の間であり、対側
の「踏み漕ぎ」に

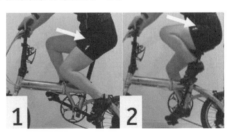

よる惰性で動いているだけである。靴がペダルに固定され

ていると足関節が底屈した後も膝と股関節を曲げながらペダルを力強く引き上げることができる。ここでは「抜き漕ぎ」と言わせてもらうが、田圃や粘土に踏み込んだ足を引き抜くような感覚で、腸腰筋（図の矢印）が股関節を屈曲させるため下腹部の深いところがギューッと引き締まるのが感じられる（写真の1から2へ）。腸腰筋はステーキでは「ヒレ肉」とも呼ばれ、腰椎と骨盤の内側から起こる強力でボリュームのある内臓筋であり、多くのスポーツで腸腰筋を鍛えることでパフォーマンス（運動能力）が高められるとされている。ビンディングはミニベロでもヒルクライム（登坂）に挑戦するには不可欠の装備である。

ダンシング（立ち漕ぎ）：大臀筋が股関節を伸展する。

立ち位で左右に体を揺らすことからダンシング（踊り動作）と言われる。サドルから立ち上がり、片足に全体重をペダルにかけながら膝と股関節を完全に伸ばし、ペダルから受ける反動で膝と股関節を屈げながらリズムよく反復する（写真の1から4）。

起立位で漕ぐことにより強力な大臀筋（矢印）が股関節を伸展して大腿四頭筋による膝関節の伸展を助ける。大臀筋は階段やジャンプで体を持ち上げる作用があり、起立歩行で発達した筋肉である。踏み込む時に骨盤が傾き、体重と長いレバーアーム（力を起こす腕の長さ）が踏み足にかかる。骨盤の傾きを戻すには中臀筋が働き、体幹筋なども動員することから心肺への負担が増すが、疲れやすい大腿四頭筋を休ませる利点がある。ダンシングではギア比を一段重くし、シッティング（座り漕ぎ）以上に心拍数を上げないよう回転数（ケイデンス）を減らして漕ぐのがヒルクライムのコツとも言われているが、安定して漕げるシッティングの方が激坂には有利との意見もある。ちなみに大阪と奈良の県境にある 暗 峠は日本一の激坂（最大傾斜度37％）と言われているが、ユーチューブでお馴染みの女性ヒルクライマーの篠野ちゃんは、シッティングとダンシングを半々にして上り切っていた。輪行記第2節でお会いした方です。

2．筋肉の特性を活かす

　適切な筋肉のトレーニング（筋トレ）で筋力や持久力を増し、パフォーマンス（運動能力）を高めることができる。小さい頃から足の速い人は筋肉中に「速筋」が多く、白筋

とも言われ、白身魚のタイなどの瞬発力となる。「速筋」は糖質を乳酸に分解してエネルギーとする無酸素運動であり、短時間に糖質は無くなって乳酸が溜まると筋肉は収縮できなくなる。「遅筋」は、赤筋とも言われ、マグロなどが泳ぎ続ける持久力となり、筋肉内に酸素を溜めるミオグロビン（赤血球のヘモグロビンに相当）が多くあるからである。また「遅筋」は糖質を酸素によって水と炭酸ガスにまで分解してエネルギーとする有酸素運動であり、マグロは睡眠中も泳いでいる。人の筋肉は速筋と遅筋が混在し、その寡多は個々の筋肉の特性により異なり、速筋と遅筋の割合は遺伝的体質でもあり、瞬発力の短距離走が得意とする人と持久力のマラソンが得意な人がいる。筋トレによりスポーツに必要とする筋肉のボリュームを増やし、必要度の少ない筋量を減らし、パフォーマンスを高めることができる。ヒルクライムでは「引き漕ぎ」の下腿三頭筋やハムストリング（大腿二頭筋など）、「抜き漕ぎ」の腸腰筋、ダンシングの大臀筋などは遅筋が多く、鍛えることにより強度の高い持久力が得られる。美容的にも下腹部や脚が引き締まりヒップアップになる。

3．サドルとハンドルの高さ

「サドルに座って足が地に着かないのが正しいサドルの高

さ」とされ、股関節を中心とした回転軸によりレバーアーム（前述）が増えるが、停止する時は支持脚に車体を傾けなければならない（第3章．バイクの種類）。ミニベロは、車体を傾けることなく両足が着地できるのが歩道上でのマナーでもあり、輪径が小さいため直ぐ着地できる。

　サドルをハンドルより高くし、踏み下ろしたときに膝がわずかに屈曲する前傾姿勢が、風圧を軽減し、体の重心が車体の重心より前方に出ることでハイピッチのペダリングができ、強力な大臀筋も動員できる。ミニベロは前後の車輪の間隔が短く、ロードバイクのような前傾姿勢は取れないが、ハンドルの高さはサドルより幾分低くする程度にし、指先をハンドルに充てがうことで背筋を伸ばして漕ぐこともできる。

４．効率の良いペダリングとは

　バイクの推進力は、トルク（漕ぐ力）とケイデンス（1分間の回転数）の積（×）であり、走行速度や登坂力となる。トルクは脚力であり、ギアを選ぶことにより同じ脚力でも回転数を上げて速度を上げたり、登坂力を増すことができる。ただし回転数を上げるとチェーンとギアの摩擦が大きくなってトルクが減少する。大輪は一回の回転で進む距離が長く、小輪のミニベロがギアを重くしてケイデンス

を上げてもスピードを出せない理由でもある。また大股で
走るストライド走法や歩幅を小さくして回転を上げるピッ
チ走法があるようにケイデンスには個人差があり、<u>回転数
を抑えながら漕ぎ続けられるトルクとケイデンス</u>を見つけ
ることが大切である。

第10章.
ヒルクライム（登坂）の運動生理学

１．有酸素運動と無酸素運動を使い分ける

　マラソンは有酸素運動と思っている人もいるが、坂道を駆け上がったりスパートをかけたりする時は無酸素運動であり、短時間であれば産生された乳酸が有酸素運動に戻ると解糖（二酸化炭素と水に分解）されて消失するので長時間走り続けることができる。乳酸は筋収縮の代謝産物で、溜まると血液は酸性に傾き、呼吸が荒くなって（呼吸数と一回換気量の増加）血中の炭酸ガスを追い出すことで血液を中和し、酸素を多く取り込んで乳酸を解糖しようとする。この代償反応を超える乳酸が蓄積されると筋肉が収縮できなくなり、急にパフォーマンス（運動能力）が悪くなって痙縮を起こすこともある。ヒルクライムも同様に無酸素運動で激坂をこなしたら緩い坂は有酸素運動で乳酸を減らさ

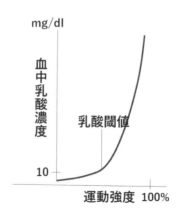

なければ漕ぎ続けられないが、トレーニング（鍛錬）により無酸素運動でしか上れなかった坂も有酸素運動で上れるようになり、運動生理学的には乳酸（無酸素）閾値が上がると言う。図は、運動強度が増すと血中の乳酸が急激に増加して無酸素運動になるグラフである。

２．健康的に体重を減らす

　運動習慣は基礎代謝率を上げ、生活も活動的となって消費カロリーが増え、筋肉量や骨密度が増して体脂肪率が低下する。自転車は同じ脚力なら体重が軽い方が強いトルク（推進力）が得られ、とくにヒルクライム（登坂）は体重を軽くしなければその向上は限定的である。

　飽食時代の日本人なら一日一食摂れば必要なカロリーは足りるとされているが、一日三食で間食も摂り、晩酌までするとカロリー・オーバーで、いくら運動しても体重は減らないだろう。誰でもでき得る「楽々健康ダイエット」として、一日三食の習慣を守り、晩酌もしながら体重を半年で10kg減らした筆者のポリシーを僭越ながら紹介させて頂く。欧米では低所得者の食事は質より量で、時間はあっても運動をする習慣が無いので肥満が多く、生活習慣病の割合が高いと言われている。ダイエットのコツは、量より質にシフトすることであり、多少の空腹感を享受しながら

朝昼晩の食事を賞味し、時間をかけて食べる習慣を身に付けることである。ダイエットにより、体調を壊したり貧血になったり、拒食症になったら主客転倒である。医学的にも合理的なダイエットを述べる。

①ダイエットをする必要性を理解しモチベーション（やる気）を持ち続けること。毎日、体重を量り、鏡でお腹（なか）を見るだけで自然と体を動かしたり食事の量を自制して体重が減ってくるものであり、自己暗示療法でもある。

②よく噛んでゆっくり味わって食べると血糖値が徐々に上がって満腹感が得られる。早く食べると血糖値が上がる前に沢山食べてしまい消化も悪い。

③米飯はパンより腹持ちが良く、野菜を多く摂ると血糖値を長く維持できる。

④味覚、視覚、嗅覚的に良い食事は少なくても満足感が得られる。

⑤肉主体の食事は持久力が劣ると言われ体臭も出るが、ベジタリアン（菜食主義）のお坊さんは肌の艶（つや）も良く修行にも耐えられる。

⑥晩酌はほろ酔い加減まで。それ以上飲んでも体がアルコール耐性になり惰性で飲んでしまう。早く寝ると量も少ない。

⑦やや体験的であるが、日本酒は糖分が多く虫歯や歯肉炎

に罹りやすい。糖分が少なく酸味の強い赤ワインは歯の衛生に良く、整腸にもなる。

3. 水分の摂り方

　スポーツでは「発汗した分だけ水分を摂る」と考えている人も多いが、そうシンプルではない。学生にサッカーをやらせて15分ごとの休憩に体重を量り、発汗で減少した重さのスポーツドリンクを飲ませた知人の研究であるが、次第に飲みづらくなって走れなくなったとのこと。体の水分は不感蒸泄と言って汗をかかないでも皮膚や呼気から一日900 ml程度失われ、トイレでも排泄されるので一日一升（1800 ml）の水分摂取が必要とされている。体の活動性が高まると体温は高くなるが、43度を超えると細胞が障害されて意識が混濁し、47度では多臓器不全で死に至るとされている。発汗は体表から蒸散することで体温を下げるが、湿度が高く蒸散しづらい無風状態の屋内では、飲水してじっとしているお年寄りでも体に熱がこもる「うつ熱」となり熱中症になる。サイクリングやヒルクライムは、アウトドアで風を切って走るスポーツであり、汗をかけば直ぐ蒸散して体温を下げてくれ、むしろ脱水症が問題となる。発汗して水分を摂る量が少ないと高ナトリウム性脱水になり、筋肉が攣ったり全身痙攣を起こし、速やかに水を補給

する必要がある。水ばかり飲んでいると低ナトリウム性脱水になり、倦怠感から全身の脱力を来し、塩分の濃い水分や梅干しで軽快する。スポーツ・ドリンクは適度の塩分を含み、両者（高、低ナトリウム性）の脱水症の予防になるが、発汗が多い場合は薄めて多めに飲む。飲水や休息で症状が改善しない場合は医療機関を受診し、血液の濃縮度すなわちヘマトクリット（血清と赤血球の割合）、電解質すなわち血清ナトリウム濃度の測定から適切な輸液をしてもらう。

　ボクシングでは試合の前は食事や水分の摂取を少なくし、規定の体重以下にしなければならないが、ファイト中も水分を制限することにより血液が濃縮し、心拍出量が同じでもより多くの酸化ヘモグロビン（赤血球に結合した酸素）を送り出し、パフォーマンス（運動能力）を上げることができる。どのスポーツでも試合前にウォーミングアップで一汗かくのは血液を濃縮し、心肺機能を高めて筋肉への酸素の供給を増やしておくためである。血液の濃縮と脱水症は紙一重であるが、日頃のトレーニングにより脱水症になり難い体を作ることも可能である。

　ちなみに熱中症の症状（引用：環境省）を知っておく必要がある。

「軽症」めまい、立ちくらみ、筋肉痛、汗がとまらない

「中等症」頭痛、吐き気、体がだるい、虚脱感
「重症」意識がない、けいれん、高体温、呼びかけに対し
　　　　返事がおかしい、まっすぐ歩けない

4．エルゴサイクルでトレーニング

　エルゴサイクル（固定式自転車）はいつでも室内ででき
る下肢の筋力強化マシーンである（写真）。心肺機能を鍛
え、乳酸（無酸素）閾値を高められる。耳介（みみたぶ）
にセンサーを挟むと心拍数が表示され、年齢や性別、身長
や体重を入力すると、危険な心拍数を超えないようにパ
ターン化された運動が負荷されるエルゴサイクルもある。
お年寄りの運動療法や故障者のリハビリに汎用され、自転
車愛好家には日々の室内トレーニングや外で走れない雨天
など、エルゴの利用価値は高い。また
ロードバイクを室内で固定して速度や
傾斜度に合わせたペダリングができる
装置が販売され、前方スクリーンや
ゴーグル型のVR（バーチャルリアリ
ティ）で、前方の走行路や登り坂が映
し出されるシミュレーション・マシー
ンもある。富士ヒルクライム大会では
大会前の参加者にコースをシミュレー

ションで走れるアプリが提供されていた。

第11章.
ミニベロ輪行記

第1節.「しまなみ海道」100kmを走破！

1．いざ出発！　でも

　午前中はクリニックの仕事があり、病院が開いてない土曜なので朝から痛みに耐えかねた患者さんが待ち構えており、ブロック注射を打ちまくっていたが、机上のスマホが鳴り、隣のデイケア（通所リハビリ）で仕事をしているはずのパートナーから電話が入った。仕事中はショートメールも滅多に入ることもないが、言うには熱が38度以上あり、寒気がして横になっていたとのこと。尿の色が濁って臭いもあり、最近、右の腰が痛むのでロキソニンを飲んでいたことから腎盂腎炎が考えられた。聞くと以前にも同じ症状で罹ったことがあり、寒気も収まったとのことでお互いの仕事を終えた午後に駐車場で会った。紺のマツダ車（CX-8）にはミニベロ2台と着替えやパンクの修理道具まで詰めたリュックが2つ積み込まれ、那覇空港から18時35分の便で岡山空港に向けて飛び立つことになっていた。クリニックから尿路感染の抗菌薬であるクラビットと解熱剤のカロナールを取ってきて直ぐ飲ませた。新型コロナ・ウィルスが未だ終息していない時期でもあり、空港に行っ

ても熱があるからと乗せてもらえないかも知れないが今は
熱も下がっており、全てをキャンセルする訳にもいかず、
「観光旅行になってもいいよ」と取り敢えず出かけること
にした。私は16インチのミニベロにパートナーのサドル
部分を入れた輪行バッグを肩に担ぎ、パートナーは少し軽
くなった14インチを担いで日本トランスオーシャン
（JTA）のカウンターに向かった。特殊荷物を扱うコー
ナーがあり、チケットを見せてレントゲン検査機を通すと
タグを付けてくれた。荷物のどの面を下にしていいかなど
聞かれたが重いものを乗せたり投げたりしなければ良いで
すよと注文を付けた。

「しまなみ海道」は、瀬戸内海の幾つもの島が架橋され、
四国側の今治から本州側の尾道まで75kmに及ぶ絶景のサ
イクリングコースであり、自転車道が整備され外国からも
サイクリストが沢山来ていた。沖縄からの便が、われわれ
には時間の都合が良い岡山空港に飛ぶことにした。9月の
敬老の日と秋分が重なった連休であったが、新型コロナの
影響で機内はガラガラだった。岡山空港では手荷物カウン
ターに行くと待つこともなく係の人が、われわれの輪行
バッグを両腕に提げて来てくれた。

2.「しまなみ海道」前半

　JRの岡山駅前のアジの「活き造り」は身を全部食べられてもまだ口をパクパクさせていた。その活力を受けたか、パートナーは朝までぐっすり眠れ、熱も無く、尿も濁りがないとのことで元気になっていた。

「特急うずしお」の、グリーン車に乗り込み、14インチのミニベロは上の棚に収まったが、16インチは座席の前に置き、パートナーの足置きになった。瀬戸内海に架かった長～い鉄橋から次々と現れては去って行く島々を見ながら久々の駅弁を広げた。四国の高松から予讃線となり、未(いま)だに単線で各駅停車し、2時間の田舎旅だった。

「しまなみ海道」の起点である今治(いまばり)は高品質のタオルで有名であるが造船の街でもある。駅前でミニベロを組み立て、輪行バッグを折りたたんでハンドルの前にクッションとして固定した。ロードバイクを組み立てる若い人達もおり、レンタル・サイクルなどと書かれたチャリを貸し出すショップもあった。ほぼ11時に駅前通りを左にミニベロを漕ぎ出し、眼鏡に付けたバックミラーで後ろから来るパートナーを時折見ながら自転車道を走った。車道を飛ばすロードバイクが多く、水色のラインが引かれ、これをたどれば「しまなみ海道」を尾道まで走れることになっていた。遠くに橋が見え、近づくと巨大な吊橋が向かいの島ま

で架かっていた。糸山公
園から来間(くるま)海峡大橋に螺(ら)
旋状(せん)に上る自転車道があ
り、傾斜度5％位でわれ
われは難なく漕いでいた
が、レンタルしたママ
チャリの人や子供のチャ
リダーもおり、自転車を
押している赤い顔のおば
さんもいた。橋の上は風
で汗が飛び去り、赤いポ

ルシェが突っ走って行ったが、自転車道は歩行者とチャリ
ダー専用で、向こうからもロードバイクの集団がやって来
た。橋の展望台で休んでいると撮りましょうかと声をかけ
てくれる人もいた（写真）。日本最大級の長い橋であった
が大島に下りると、家族連れやママチャリ族はいなくなっ
たので今治でレンタルしたチャリで来間海峡大橋を往復し
たのだろう。大島に下りると島の中央を縦断する上りと下
りがあり、傾斜度が10％近くありミニベロでは8km/hr
がやっとであったがダンシング（立ち漕ぎ）で追い越して
いくロードバイクの若い人達が多かった。街に入ると赤信
号になり停車していると、赤くなった手足をむき出しにし

た外国人が歩道を突っ切り、目の前の柵にロードバイクごと衝突した。柵の向こうは河で上半身が向こうに落ちて行くではないか！　ミニベロを倒して駆け寄ると何とかバランスを取り戻したようで「アーユーオーライト、Are you all right ?」と言ってみていたが外れたチェーンを直して「サンキュー」と言いながらまた追い越していった。大島の北端に「村上海賊館」があり、まだ昼を少し回った頃なので狭い港町を走りながら寄り道をした。強固な木材で作られた小舟に屈強な水軍の男達がサスマタで敵船を捉え、丸い砲弾を縄で振り回して投げ込むなどリアルな展示があったが、パートナーは歩く気もしないとロビーで横になっていた。小腹が空いてきたので自家製アイスクリームと書かれた店に入り、特大のミルクセーキなどを食べ、海岸から渦潮が幾つも見られ気分も良くなってきたようだった（表紙と同写真）。伯方大橋にはやはり螺旋状の自転車

道を上り、橋の上は原付きバイクと一緒に走り、伯方島に下りると民宿「しまなみ」の矢印があり、その方向に走ると海の駅や公園など街並みがあり、方向がおかしいの

でグーグル・マップで案内させるがどうも方向が違う気が
してきた。宿泊する民宿「うずしお」に電話すると反対方
向にあり、自転車道でぐるぐる回されて方向感覚がおかし
くなっていた。風呂のあとのビールは格別で、オコゼの活
き造り、特大のサザエの壺焼き、タイの薄造りなど瀬戸内
ならではの鮮魚にわれわれは大満足であった。ストラバ：
今治駅前→糸山公園
→来間海峡大橋→大
島縦断→海賊館往復
→伯方大橋→道迷い
→うずしお館、走行
距離35.1km、獲得
標高295m、走行時
間3時間36分。

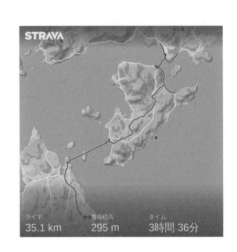

3.「しまなみ海道」後半

　熟睡のあと7時の食事を摂り、パートナーは発熱なく、
尿も濁りなく量もあったとのことで7時半には出発した。
昨日、本道からそれて民宿のある海辺に下り、上り返すの
が大変かもと思っていたが難なく本道に合流した。昨日の
街並みを抜けると長い坂があり、大三島橋への自転車道を

回りながら上った。大三島は、最短ルートの西海岸を進むと白鳥が羽を降ろした様な吊橋の多々羅大橋が見えてきた。海面から60m以上の高架橋であったが、螺旋状の自転車道を難なく上がり、潮風を受けて欄干脇を疾走した。中間地点には特大の支柱があり、その下で手を叩くと反響する「多々羅鳴り龍」が有名であり、われわれも準備された打木を叩いてミニベロ・サイクリングの安全と成功を祈った（写真）。

東の海岸線を北上すると生口大橋で、渡ると広島県だった。生口島は西海岸をだらだら行く感じで、ロードバイクは車道を30km/hr近くで飛ばすが、われわれのミニベロは自転車道を15km/hrがやっとだった。ロードバイクが追い越す時「先、行きます！」と言ってくれる若者もおり、

「どうぞ！」の短い会話がわれわれの励ましになった。坂も無かったがパートナーは腿に力が入らなくなり、しょっちゅう休んで飲んでばかりいるので、このままではと焦りが出てきたが、「どんなにキツイか分かってくれない」と不機嫌だった。気がかりなのは朝の出発から尿が出ておらず尿意もないとのこと。やっと因島大橋にたどり着き、因島に入ったがやはり西廻りの長い海岸線を走らされ、フラワー・ガーデンと言う観光名所にまで坂を上がらされ、最後の向島大橋にたどり着いた。橋の自転車道は自動車道の下にあり、上からの騒音が疲れた体には堪えた。さらに向島の西海岸を走らされたが工事区間があり、傾斜度10％以上の迂回路を上らされ、さすがにチャリを押して上ったが、ロードバイクの若いのも上でのびていた。都会が近いせいか自動車も多くなったが、自転車道は凸凹でスピードも出ないのでロードバイクは車道を走っていた。車道を怖がるパートナーを先に走らせ、後ろから車が来たらベルを2回鳴らしてやった。向島の渡船場に着いた時は救われた気持ちだったが、尾道側には待機しているタクシーはなく、観光客でごった返す通りをJR尾道駅の方に向かっても流しているタクシーはいない！　新幹線の新尾道駅にチャリでしか行くすべがなかった。山の手へ真っ直ぐ伸びる坂があり、グーグル・マップでは30分で新尾道駅

に行けるはずだったが、疲労と困惑から長い長い坂だった。ちなみにJR尾道駅から広島に出て、新幹線に乗り換えることができたのにと気付いたのはずっと後のことだった。

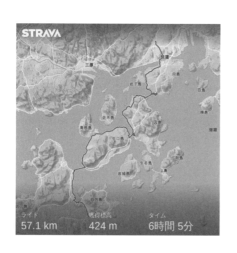

ストラバ：うずしお館→伯方大三島橋→大三島西岸→多々羅大橋→生口島北岸→生口大橋→向島西岸→渡船→尾道市→新尾道駅、走行距離57.1km、獲得標高424m、走行時間6時間5分。

　駅前でミニベロを畳み輪行バッグに入れたが底が破けており自転車の一部がむき出しになった。テントの修復用テープを取り出すと何とアイロンがけが必要なやつではないか！　ウインドブレーカーで内側から覆い、手で押さえながら持ち歩く外なかった。午後3時を回っていたが4時の「こだま」に乗り、2時間で博多に着いた。破れた輪行バッグを売店から借りた粘着テープで補修し、地下鉄では破れそうな箇所を抱えながら何とか福岡空港に辿りついた。

お世話になったサイクルショップにとお土産を探したパートナーだったが、「もう二度と行かない」と言われてしまった。ほとぼりが冷めれば「富士スバルラインにも挑戦するはず」と次のヒルクライムに思いを馳せていた。腎盂腎炎の方はクラビットを飲んでいたことが幸いし、病院の検査で異常は無かったが一週間の安静を申し渡されたとのこと。

第2節.「富士ヒルクライム大会」2021

「東京オリンピック・パラリンピック2020」が1年延期となったがコロナ禍は未だ終息せず、ワクチン接種が始まったばかりで、オンライン・ビジネスや休校、時短営業など人も経済もウンザリしている日本ではオリンピックどころではないとの声が多くなった。幸運にも開会式のチケットをゲットしたが、収容人数を半数以下に抑えるため再抽選が行われ、辞退すれば払い戻されることになり、念願のヒルクライムに向けることにした。

　富士ヒルクライム大会は、毎年1万人から参加する日本では最大のヒルクライムで、大型バスも上れるスバルラインをバイク（自転車）で1合目の料金所から5合目の登山口にある広場までの24km、

高度差1300mを漕ぎ上るタイムレースである。去年はコロナ禍で中止になったが、今年は感染対策を十分行い6月6日の日曜に行われることが決まり、初心者でも上れる平均5.2％の傾斜度で、制限時間も3時間10分と十分取られているとネット上で謳われ、少なくとも完走はできそうに思えた。パートナーに「3年前は歩いて富士山に登ったけど今度はチャリ（自転車）で上ってみようか」と切り出し、ユーチューブでヒルクライムをやってる「篠ちゃんやヨッピー達もきっと来てるはず」と期待させた上で、ネットでエントリー（参加登録）をした。

1．全国大会に出るのだ！

　大会前日に会場での参加手続きが必要なため6月5日は診療が忙しい土曜日であるが休診にして出かけることになった。早朝の那覇空港はガランとし、16インチのミニベロ2台を特殊荷物としてレントゲンを通して預け、上積みしないようお願いした。手荷物検査場でパートナーのリュックから山の小さい多用途ナイフが見つかり、羽田空港まで預けることになったが、「帰る時は自転車と一緒にしておけばいいですよ」と言われた。キャンセル待ちがアナウンスされ、機内には運動クラブの学生達もいて満席で、「コロナ、コロナって、なーんだ」と言う雰囲気だった。

ミニベロは装備も含めて10kg位あり、私のバッグにパートナーのサドル部分も入っていたが、新宿駅の構内を肩に掛けて歩けた。エキネットでの予約は1ヶ月前からで「みどりの窓口」に行き、予約したカードでチケットを購入する必要があった。中央線の大月までは1時間だったが、富士急電鉄に乗り換えて1時間近くもかかって富士山駅に着いた。学生時代に積雪期の富士山に登ったときは富士吉田駅と言っていたが、3年前にパートナーらと下山したときには今の駅名になっていた。駅前でミニベロを組み立て、ネットからコピーした案内図を見ながら会場を目指したが、車道を走り抜けるロードバイクは、行くバイクと帰ってくるバイクとで行き先が分かりづらく、「北麓公園はどこですか」と聞きながら郊外の樹林帯を上るとやっと会場に着いた。「ヒルクライムは今日ので十分！」と言うパートナーと第17回富士ヒルクライム大会と書かれた半円形のアーチをくぐると、陸上のトラックの両側にガーミンやシマノなどバイク（自転車）関連ブースが並び、ほぼ一周歩かされたところに大会の受付があった。ネットで知らされた10372と10373の番号と、コピーしたQRコードから大会要領や記念品が入ったビニール袋を渡される簡単な手続きだった。パートナーが水を欲しがっても自動販売機や給水器はなく、特産の餅を買うと水が一本サービスされる

ブースをやっと見つけた。
富士山頂付近にはまだ雪が
残り、徒歩で登った富士山
を二人で思い出していた
（写真）。河口湖々畔の旅館
に泊まるので、富士急ハイ
ランドのジェットコース
ターを遠くに見ながら県道

を走ったが、歩道から車道に出ようとした時に縦の段差に
タイヤを取られ転倒してしまった。靴をペダルに固定して
いたビンディングがとっさに外れなかったためであった。
ビンディングは足を引き抜くように漕ぐことができ、ハム
ストリングや腸腰筋など疲労に強い筋肉を有効に使える優
れものであるが欠点もある。

　旅館のテラスから湖畔が夕日に映え、畳の部屋に前菜か
ら鱒のお作り、地鶏の水煮が運ばれ、生ビールが来るまで
冷蔵庫の冷酒を開けて前祝いをした。2人とも気が高ぶっ
ていたのか熟睡できなかった。

2．さあヒルクライムだ！

　朝食はお握りを作ってもらったので隣のコンビニのコー
ヒーとサンドイッチで済ませた。最終組のスタートは9：

45amであるが会場まで遠いのでタクシーで行き、帰りも来てくれるよう頼んだ。会場前で係のお姉さんが検温計をオデコに当て、平熱なのでヘルメットに貼った選手番号の上に赤のステッカーを張ってくれた。スタートまで1時間あったが、ミニベロを組み立てていると「篠ちゃんみたいな人がいた」とパートナーは腰の形で分かるとのこと。リュックは弁当も入れて預け、番号シートを背中、車体、ヘルメットに貼り、足首に通過時間を計るセンサーを巻きつけた。スタートは7時の早朝から30分おきに過去の成績から選ばれたグループが次々と出発し、われわれは初心者なので最終の10グループとなり、9：45~10：15amの随時のスタートであった。隣の石段に座っている60代の人は、1年おきにヒルクライムとフルマラソンの大会に出ているそうで、私は膝が悪いので山歩きができなくなりヒルクライムに転向したが、ペダルを漕いでも痛みは来ず、10kg近くやせたと言うと頷いてくれた。「ご夫婦でミニベロで参加されるとは！　頑張って下さい。自分は9グループなので」とスタートエリアに向かって行った。ほとんどがロードバイクでマウンテンバイクも見られるが、ミニベロは20インチが数台、16インチはわれわれだけだった。かつてミニベロを折りたたんで山に担いで行き、下山は林道を疾走して下っていたが、パートナーはロードバイクに乗

せられた時に転倒したことがトラウマになり、ミニベロならとと始めた。

「第17回富士ヒルクライム大会」と書かれた黄色のドームの下を先を争うグループが9：45amにどっとスタートし、われわれが後に続き、「行ってらっしゃい！」「頑張って下さい！」と繰り返す女性の声と共に、漕ぎ出した。森林地帯を切り開いたスバルラインは5合目の登山口までバスが往復しているが、今日は交通規制されていた。1.3km先の計測地点が足首に付けたセンサーを感知する実際のスタート時点であり、料金所があった。そこまで5％程度の坂を10分ほど上り、パートナーは暑いのでブレーカーを脱ぐからと足を着いたので、「先行くよ」とペース良く漕ぎ出したが、直ぐ小雨が降ってきた。ロードバイクでビューンと追い越して行く若者が多いが、中にはペダルの回転を上げて追い越すが視界から遠ざからず、7％程度のきつい坂になると我がミニベロが間を詰めた。緩やかな蛇行が続き、突然、数十台のロードバイクが前方から現れ、ドローンのような空気の振動音と共に、「頑張って下さい！」「ファイトー」と励ます大きな声と、女性の声も聞こえた。バイクでの下山は50人程度のグループとなり前後にベテランのライダーが走り、追い越すことなく互いの間隔を保って走る規則になっているが、小雨の降る中、5分間隔のグルー

プで時速4～50kmで斜面を疾走するのは経験と度胸、そして若さが必要であった。30分ほどのヒルクライムで左に駐車場があり、追い越して行った5、6人の男女が休んでおり、その先で足だけ着いて停まり、前のボトルから給水し、直ぐペダルを漕ぎ始めた。5%以下の坂はトップか次のギアで時速10kmをキープしていたが、7%以上の坂は8kmを維持できなかった。道路脇にカップルがロードバイクを倒して休んでおり、横を「頑張ってください！」と言って通り過ぎると、「ミニベロですごいですね！」と言ってくれた。一番軽いギアと2段目ギアに入れると直ぐ外れることが分かり、「スプロケット（7段のギアボックス）の不具合だとやばい！」と思ったが3段以上のギアで走れることから「何とかゴールまで」と拝んでいた。ヒルクライムも1時間を経過し、速いライダーならもうゴールである。中間地点の関門所にはあと30分位かかりそうであったが、このままのペースをキープできれば完走も夢ではないと思われた。前を走っていた黄色い小柄なローダー（ロードバイクに乗っている人）が蛇行し始め、前方を顎をあげて見ると自転車ごと左に倒れているではないか。一番軽いギアで漕いでもキツイときは蛇行して上るが、恐らく失速したのだろう。直ぐ自転車ごと立ち上がり、横を通ると若い女性で、「大丈夫ですか？」と声掛けすると「大

丈夫です、頑張って下さい！」と反対に励まされた。ス
タートから1時間30分を超えていたが、中間地点の第一関
門まで制限時間内に着けると思っていた。しかし、直ぐ後
ろから「制限時刻の11時を12分過ぎていますのでレース
を中止してバスに乗って下さい」とマイクの大きな声が聞
こえた。「自転車は後ろのトラックが回収しますので置い
て行って下さい」とも言われ、バスに入ると先ほど追い越
した10人ほどが乗せられており、その中にパートナーを
見つけ、「密にならないように座って下さい」とのこと。
自分の制限時間ではなく、大会の制限時刻で回収された訳
で、スタートから1時間以内で中間地点の第1関門を通過
するのは、ミニベロに乗った初参加の高齢者には無理だっ
た。パートナーが言うには足を降ろしながら1時間ほど
上ったが、併走していた女性と共に真っ先に回収されたと
のことで、バスの中で「来年は一緒にリベンジ（再挑戦）
しようね！」とラインを交わしていた。第1関門ではやは
り制限時間を超えた人もバスに乗せられ、さらに第2関門
と途中で制限時刻を超えたライダーらも乗せてゴールに着
いた。3年前にパートナーと男性の従業員を連れて富士山
の頂上を極めたが、翌日、喉カラカラでたどり着き、
リュックの底に緑茶のペットボトルを見つけたあの5合目
広場だった。疲労困憊でバイクで下れない人や、下りの防

寒具を預けなかった人などが並んでバスを待っており、霧がかかり小雨の降る中、汗で濡れた体をさらに冷やしていた。「車内は密になりますが（人を）残して下山できませんので」と大勢のライダーが補助席まで乗ってきた。バスは5、6台となり、小雨の中を集団となって下るライダーを追い越しながらスタート地点の駐車場に入った。しばらくしてバスと同じ台数のトラックが入り、後ろのドアを開け、互いの自転車が接触しないための発泡スチロールの板を外しながらバイクを降ろし始めた。最後尾と書かれたバスからわれわれのミニベロも降ろされ、先ずはトイレのある上り階段のところまで押して行った。階段に座っている2人は、ユーチューブでよく見ているヨッピーとご主人ではないか！　パートナーは知り合いのように「トムズ・サイクリングよく見てますよ！」と声掛けし、理学療法士のご主人は「沖縄からですか！　僕の名字も沖縄なんです

よ」と近くの人に4人の写真を撮って頂いた。振り向くとあの激坂ヒルクライムの篠ちゃんとご主人が人と話をしているではないか。物怖じ

しないパートナーは「私たち篠さんの大のファンなんですよ！」と近づき、ヨッピーさんに4人の写真を撮ってもらった。篠さんは今回は1時間9分でゴールし、シルバー・メダルを獲得したとのことで、ブログでは腰痛に悩まされていたが、今後も力になってあげられればと思った。午後2時を回っており、ここから富士急の富士山駅までミニベロで濡れた路面を下りたくなく、タクシーを呼んでJRの大月駅まで行ってもらうことにした。

　日本最大の富士ヒルクライム大会はコロナ禍で半数の4700人余の参加となったが、大多数の若い人達が互いをリスペクト（尊敬）しながら競い合い、それを支える関係者や地元の人達の尽力があり、怪我人もなく、ヒルクライムと言う運営の難しい大会を17回も成功させた人々に感謝と敬意を伝えたいと思った。我々のようなシニアにも若い人達が温かく応援してくれ、「日本はまだまだ大丈夫だ！」と確信した。

　ストラバ：山麓運動公園→スバル・ライン入り口→駐車場→中間地点手前、走行距離10.6km、獲得標高581m、走

行時間1時間26分。

第3節. 久米一（久米島一周サイクリング）

　ロシア軍がウクライナに侵攻してから2ヶ月が経ち、キーウ（ロシア語でキエフ）は陥落せず、ウクライナは焦土と化しながらも西側の兵器の供与と愛国心で持ちこたえていた。

　新型コロナは未だ収束せず、小児にもワクチンが打たれるようになったが重症病床が少ない日本の医療体制に問題があると思われた。5月の連休は前半を休診にし、後半をコロナ禍で落ち込んだ分を診療に当てることにした。いまだ県外へは行きづらく、パートナーは久米島に行ったことがないとのことでミニベロで久米島を一周することになった。

　沖縄に赴任した翌年に上司らと那覇空港から小型のYS-11機に乗って久米島に行ったが、眼下の慶良間諸島を見ていると直ぐ小さな飛行場に着陸し、ごく近くの離島と

思っていた。大学病院では潜水病も治療していたが、久米島で講演を頼まれフェリーに乗ったとき3時間半の航路は長かった。久米島は沖縄本島から西に100kmの東シナ海にあり、周囲48kmで琉球王朝時代から米がとれ、名所旧跡も多く、コロナ禍の前まで一周するサイクリング大会が行われて県外からの参加者も多かったとのこと。

1. 一日目

　朝9時の出港であるが輪行なので早めに自宅を出て、那覇市街手前の泊港（とまり）に駐めた。離島フェリーの起点となる「トマリン」と言う立派なビルが出来ていたが、昭和52年に沖縄に赴任した際、大阪からのフェリーで下り立った波止場（はとば）は殺風景で、客待ちの軽自動車が小さな扇風機を回し、国道58号線に出ると車は右側通行だった。待合所で往復のチケットを買ったが、船が遭難したときの名前と連絡先を書かされた。数日前に知床で小型遊覧船が沈没し、26名もの犠牲者を出したブラックな船会社が大問題になっていた。久米島フェリーは一番奥に停泊し、9kgのチャリの入ったバッグを肩にかけて歩くのはパートナーにも難儀だった。船にはタラップが架けられ、改札の船員が出港者用荷物と書かれたコンテナを指して、大きな荷物を入れるように言ってくれた。ボーッと低い汽笛と共に出港し、少

しずつ遠ざかる港や湾岸道路をデッキに立って見ていた。船の速度も上がり受ける風も強くなったのでキャビンに戻ったが、やがて窓から何も見えなくなった。空はどんよりし、一人でデッキに出ると慶良間諸島が近づいては遠ざかったが、塩水がかかるのでキャビンに戻るとパートナーは忙しかった週を安眠で取り返していた。フェリーは渡名喜島の岸壁にロープを投げて横付けし、少数の人と車を下ろすと汽笛とともに久米島を目指した。曇った空と水平線の間に久米島が平べったく見え、デッキとキャビンを行き来するうちに島影は高さのある山々を抱いた島となり、フェリーは兼城港の波消しブロックの中に入っていった。コンテナから預けたチャリを取り出したが、午後1時を回っており待合所の隣のカフェを覗くと久米島ソバがあるとのこと。食事もそこそこにチャリを組み立てバッグを畳んでハンドルの前に取り付けた。雲行きが怪しく天気予報では夕方から雨とのことで、県道89号線を西に走り出した。右に曲がって暫く行けば「ホタル館」で久米島ボタルの飼育と研究をしており、明日パートナーに見せてやりたかった。確か「馬の角」を見せてくれた上江洲家の方面に行くあたりから県道242号線となり、坂道を北上し民家が少なくなると傾斜度も5％まで上がって行った。さらに緩くカーブしながら傾斜は少しずつ増し、パートナーは遅れ

がちで待っていると漕ぎ上がってきて、ドリンクホルダーからボトルを取って喉を潤しながら息を整えていた。天然記念物の「五枝の松」の標識があったが遠くからゴロゴロと聞こえており、「明日、来ようね」と言うと「来ない」とそっけなかった。ゆっくり重いペダルを踏むパートナーを待っていると高齢のおじさんが「そんな小さい自転車でよくこの坂上れるね！」と声を掛けてくれ、「折りたたんで船で来たんですよ」と言うと成るほどと言う顔で「まだ坂はあるよ」と励ましてくれた。上り坂は続き、空は黒くなり大粒の雨が降ってきた。チャリ用の雨合羽をリュックに入れているので「着ようか」と言っても「蒸し暑くなって漕げなくなるから」と聞いてくれないので、腰に巻いていたウインドブレーカーを着けさせた。右折すると宇江城城跡へ行き、島全体が見渡せる「天空の城」であったが、下着まで濡れてきた我々は一刻も早く下ってホテルまで行きたかった。坂の傾斜はやや緩くなったが雨は衰えること

なく、追い越して行く車も気の毒そうに減速してくれることもあった。やっと比屋定バンタの展望ハウスに来て雨宿りしてながら崖下を見ると

200mほど下にエメラルドグリーンの海岸線がくすんで見えた。ほどなく雨も弱まり体が冷えない内に出ようとすると短パンとランニングシャツの中年男性が我々より速いスピードで霧の中を下って行くではないか！ 追いつくことなく展望が開け、海が見えてくると大きく蛇行して下る陸橋が現れ、ティーダツムギ（太陽と紬）橋と言い、南城市のニライカナイ橋より長いが真新しく、赤い滑り止め処理された車道があった（写真）。久米島を一周するには時計回りが楽とされてるが樹林やキビ畑が多く、少々きつい坂でも大海原を見ながら上る方が気分的には楽と思われた。気が付けば雨は止んでおり市街地に入っていた。名所の畳岩がみられる海岸は左手の橋を渡った奥武島にあり、びしょびしょでは観光気分にもなれずホテルに急いだ。イーフビーチホテルの玄関には貸出用の自転車があり、傍にわれわれの2台を防犯用チェーンを巻いて置かせてもらった。熱いシャワーを浴びて乾いた衣服に着替え、ラウンジで飲む地ビールは格別であり、車えび養殖が盛んでエビづくしの夕食に舌鼓を打った。ストラバ：兼城港→北向き上り坂→比屋定バンタ展望台→ティーダ橋・つむぎ橋→イーフビーチ・ホテル、走行距離18.2km、獲得標高309m、走行時間1時間52分。

ライド	獲得標高	タイム
18.2 km	309 m	1時間 52分

2．二日目

　昨日は、赤ワインのデカンタ（大瓶）まで飲んだが、二人とも寝覚めはスッキリで朝食バイキングの後すぐに出発した。昨日の奥武島の橋を渡って畳岩を見て後は兼城港まで戻り、2時の出港まで観光しようと考えていた。市街を南下すると久米島アイランドホテルがあり、実はパートナーの母が手首を骨折しキャンセルしたホテルであった。「県道242一周線」の標識があり、「この道を行けば兼城港まで行けるはず」と信じてしまった。海岸沿いの整備された自転車道は快適そのもので日も射してきた。村の分岐点もあったが進みやすい道を行くと蛇行しながら上りになり、グーグル・マップを見ると「ホテルまで帰れ」とのことだが「ここまで来て」との思いがあった。時折、追い越して

鳥の口岩

いく軽トラもあり、パートナーは押したり足を着いたりしながら一向に下り坂にならない道を上って行った。いつしか県道242一周線の標識は無くなり、丘の上まで来ると海が見えるではないか。最後のきつい上りを上りきると「鳥の口岩遊歩道」と書かれ、道の先は絶壁になっており行き止まりだった。階段があり600m先に奇岩を見られるようであったがパートナーが「傾斜度12%もあったよ」と余裕をみせたので「遊歩道でも歩くか」と言うと両腕でバッテンだった。必死で上った坂であるが船の時刻もあり逃げるようにして下り、村落の高齢男性に「港に行きたいけど」と言うと「近いが上りがある道と、戻るけど真っ直ぐな道があるよ」とのことで戻ることにした。アイランドホテルを左折しようと信号を待っていると軽トラで追いかけてきたのか「そこ左だよ」と言ってくれた。一見強そうな人でも皆親切で心温まる島だった。回り道をしたが兼城港に着き、カフェのコーヒーとチーズケーキで一息ついた。

ライド 22.0 km　獲得標高 644 m　タイム 2時間1分

ストラバ：イーフビーチ・ホテル→奥武島畳石→島尻→鳥の口岩→島尻→久米アイランドホテル→89号線→兼城港、走行距離22.0km、獲得標高644m、走行時間2時間1分。

　近くに博物館があるようなので地図を見ながら県道86号線を東に行くと、女性が「先の案内板を左折して坂を上がって行く」と教えてくれた。車道は車が多く、狭い歩道を走っていると木の根っ子がアスファルトを壊して盛り上がり、慌ててかわして「危ないよ！」と言った次の瞬間、「あー！」と声がした。停めて振り返ると、自転車は倒れパートナーは一段低い草地に転がっていた。うめき声を聞きながら「動かない！」とヘルメットを被った体を見たが打ち身だけのようだった。「もう帰ろう」と言ったが、手を貸すとゆっくり立ち上がり倒れたチャリを起こしてサドルに座り、「大丈夫」と言った。坂は長く、遠くに海が見える辺りに博物館があった。車が数台停まり、中はガランとしていたが展示は充実していた。久米島は文字通り良質の米が穫れ、久米

仙と言う泡盛を作り、蚕から作った絹の久米絣を琉球王朝
に献上していた。2万年前まで沖縄本島と陸続きであった
り火山の噴火で今朝見た畳岩ができたなど為になった。

　帰りの船上で遠ざかる久米島を見ていると高台から「鳥
の口岩」が上を向いていた（写真）。道を間違えなければ
決して行かなかった場所であり、上り坂の連続はきつかっ
たが二人でアドベンチャーを十分に楽しめた。引き返して
楽な県道で帰ったが、鳥の口に向かわず右手を蛇行して
上って行く県道242一周線があり、次回はこのルートにも
チャレンジしてみたくなった。

後文.
ミニベロと共に

自転車は、人の叡智を結集した人力で動かせる最も効率の良い乗り物であり、日常生活からスポーツやレクレーションまで多くの用途がある。坐って膝を曲げて漕ぐことから膝の痛みや腰痛を和らげ、とくにミニベロは、好きな時に好きなところで自分に合った漕ぎ方ができ、知らず知らずに体力がついてくる。家の近くから始め、自信がついたら地元のサイクリング大会に出たり、畳んでトラベル（輪行）もいい。ミニベロは健康で充実した人生の友となるはずである。

謝辞

　サイクリングやヒルクライムなど、文句も言いながらついてきてくれたパートナーに感謝の意を表します。しょっちゅう自転車のことでお世話になり、執筆にあたり貴重なアドバイスを頂いた泡瀬サイクル館の方々に御礼申し上げます。富士ヒルクライム大会ではいつも見ているユーチューバーともお会いでき、気さくに撮って頂いたご厚意に感謝します。

サイクルショップの皆さんと

著者プロフィール

井上 治 （いのうえ おさむ）

昭和23年京都市に生まれる。小学4年のとき父の弁護士業のため東京に出る。都立新宿高校でサッカー、米国加州ミラモンテ高校でレスリング、新潟大学医学部で新体道、山歩きなどのスポーツをやり、横須賀米海軍病院インターンを経て母校の整形外科に入局。

昭和52年に琉球大学整形外科に赴任し、高気圧治療部准教授として臨床と学術活動などの傍ら低酸素トレーニングによる高所順応などの研究を行った。

平成24年から沖縄県うるま市でクリニックを開業し、整形外科と高気圧酸素療法、リハビリなど地域医療に努めている。医学博士、整形外科相談医（平成28年まで専門医）、高気圧酸素治療専門医。

江洲整形外科クリニック（http://www.esu-ortho.jp）院長。

ミニベロ（折りたたみ小輪自転車）で
楽しむ健康ライフ

2023年8月15日　初版第1刷発行

著　者　井上 治
発行者　瓜谷 綱延
発行所　株式会社文芸社
　　　　〒160-0022　東京都新宿区新宿1−10−1
　　　　　　　　　電話　03-5369-3060（代表）
　　　　　　　　　　　　03-5369-2299（販売）

印刷所　株式会社フクイン